AF227242

DISCOURS

PRONONCÉ AU HAVRE LE 18 AVRIL 1872

PAR

M. GAMBETTA

PARIS

ERNEST LEROUX, ÉDITEUR

28, RUE BONAPARTE, 28

1872

DISCOURS

PRONONCÉ AU HAVRE, LE 18 AVRIL 1872

PAR

M. GAMBETTA

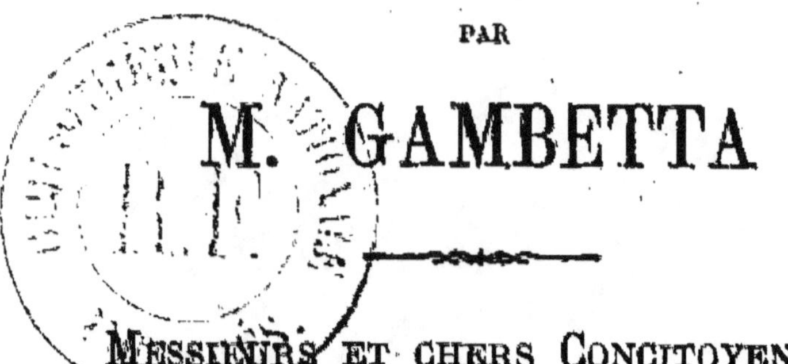

MESSIEURS ET CHERS CONCITOYENS,

Les paroles que vient de m'adresser en votre nom le chef de votre municipalité sont, permettez-moi de vous le dire, trop flatteuses pour moi ; et je ne voudrais pas qu'en venant parmi vous m'enquérir surtout de vos sentiments républicains, l'on pût m'accuser de vous faire commettre une véritable faute, en vous fournissant l'occasion de flatteries personnelles. Eh bien ! je dois vous dire qu'une des choses qui m'embarrassent le plus, c'est le véritable regret que j'éprouve de n'avoir pu faire davantage, et ce qui me cause une émotion profonde, c'est de sentir à quoi m'engagent et m'obligent de pareils sentiments et une reconnaissance qui a trop tôt commencéé.

On vous disait tout à l'heure qu'il ne fallait pas faire de discours. Ce ne sont pas, en effet, des discours que nous devons nous apporter mutuellement, ce sont des conseils, des avis et des impressions. Il faut que, lorsque nous nous sommes vus, visités, fréquentés, nous nous séparions un peu plus forts, meilleurs et plus instruits. (Applaudissements.)

La République que vous acclamez, cette République définitive, selon l'interruption partie de là tout à l'heure, cette République que nous tenons en principe, qu'il ne s'agit que d'affermir et de développer, doit commencer d'abord par guérir la France du plus détestable de ses défauts : la promptitude avec laquelle elle s'abandonne à la flatterie et à la servilité. (Bravos !) Et, puisque vous m'en avez fourni l'occasion, laissez-moi vous le déclarer une fois pour toutes : je dis ce que je pense ; et sauf dans les occasions où, moi aussi, j'ai mes emportements que je regrette..., je pense exactement ce que je dis.

Messieurs, après les ruines matérielles qui ont pour ainsi dire couvert le sol de notre malheureuse patrie et qui, grâce au ciel, grâce au zèle de véritables patriotes, au concert et à la concorde des intelligences vraiment françaises, commencent à s'effacer, après ces ruines matérielles, il reste les ruines morales ; et c'est au spectacle de celles-là, malheureusement, que nous pouvons dire que nous ne sommes pas assez sévères pour nous-mêmes.

Au lendemain de cette immense chute de l'empire qui avait été amenée par le crime de quelques-uns qui ont obéi au parjure d'un maître, mais qui avait été maintenu longtemps aussi par la complicité, par la servilité, par l'esprit de convoitise qui dominaient et poussaient au scrutin les masses ignorantes, dont on entretenait et encourageait l'ignorance, quand on n'en surexcitait pas les vaines terreurs (Interruption d'applaudissements.)..... après nos désastres, une idée doit sortir dominante de nos fréquentations : c'est le côté moral de nos ruines, c'est la réparation de l'honneur français, c'est la pratique des vertus républicaines que nous ne devons pas perdre de vue un seul instant.

Les ruines matérielles n'ont rien d'irréparable dans un pays aussi riche, qui dispose de ressources aussi considérables, où domine l'esprit d'épargne, de travail, d'accumulation. Oui, messieurs, il n'y a rien de plus simple, dans un tel pays, que de guérir ces blessures sous un gouvernement qui assure l'ordre.

Mais ce serait là une restauration, une régénération mensongère, si l'on n'allait pas plus haut dans la recherche du mal, afin de découvrir le véritable remède.

Or, il faut le reconnaître, la France ne s'est laissée aller au bord de cet abîme que parce qu'elle avait perdu les véritables sentiers de la morale en politique. Permettez-moi d'ajouter que si le gouvernement républicain a paru, au milieu de ces désastres, comme le seul possible, c'est que seul il s'est trouvé debout en face du danger. Car, au moment même de l'immensité de la catastrophe, nul n'a pensé à un autre gouvernement. Où étaient les prétendants? Qui donc s'est présenté en leur nom? qui s'est fait jour au milieu des rangs de nos adversaires pour disputer ce que l'on appelait le pouvoir, et ce qui n'était que le fardeau des périls?

Qui? personne! On a attendu à l'écart, avec patience, mais cette patience était doublée d'un certain remords, le remords du plébiscite ! On a assisté à des efforts auxquels on ne s'est pas associé. Et ici, laissez-moi vous exprimer toute la reconnaissance que la France doit à une population comme la vôtre, qui, elle, n'a jamais marchandé ni son argent, ni son travail, ni ses hommes, et qui n'a pas méconnu les traditions patriotiques reçues de ses aïeux.

Messieurs, ce n'est pas un reproche que je veux adresser à mon pays, car même lorsqu'il se trompe ou qu'il tombe, je le respecte. Mais n'est-il pas vrai que sous l'influence d'excitations détestables, on a systématiquement attaqué les efforts de la défense ? En voulez-vous un exemple entre mille ? Ces attaques se sont tournées aussi vers l'homme qui est à côté de moi (l'orateur désignant M. Jules Le Cesne), qui fut au jour du péril votre député, et qui doit le redevenir au jour de la réparation. C'est par son activité, son intelligence, son zèle, qu'il nous a été donné de mettre entre les mains de la France les armes qu'il avait su arracher à la concurrence étrangère, re, alors que l'empire avait fui en ne nous laissant que des arsenaux vides.

Que n'a-t-on pas dit ! que de calomnies, d'injures, oserai-je dire que d'ordures ! n'a-t-on pas jetées sur la réputation de cet honorable, de ce zélé, de ce grand citoyen, qui, en butte à ces infamies, mais fort de sa conscience, n'a fléchi ni un jour ni une heure, et qui a fait son devoir jusqu'au bout ? (Salve d'applaudissements.)

Ces attaques, elles se reproduisent, elles se reproduiront encore ; elles sont devenues le seul refuge des partis impuissants. Car les partis savent bien que ce n'est pas par les raisons de théorie, de principes, de doctrine, ni d'expérimentation, qu'ils peuvent avoir quelque influence ou quelque prise sur l'opinion ; c'est pourquoi ils se rejettent tout entiers sur la diffamation, et forgent sur les autres hommes de notre opinion des biographies du genre de celle que vous connaissez sur celui-ci.

Mais, messieurs, détournons nos regards de ce que je pourrais appeler les dernières exhalaisons de leur chagrin et de leur humiliation, et revenons à notre véritable *revanche*, qui est la reprise de

nos qualités héréditaires, la réformation
de la moralité nationale ; et alors, quand
nous nous serons bien retrouvés, le
reste nous sera donné par surcroît. Il
faut donc songer à ce que j'appelle les
plaies sociales.

Eh bien ! dominant toutes les autres
causes de nos défaillances, de nos désastres, il y a l'ignorance, cette ignorance particulière, cette ignorance double, qui est propre à la France. Car nous
avons l'ignorance de ceux qui ne savent
rien, masse obscure, qui change brus-
quement de direction et roule tantôt à
droite, tantôt à gauche, sans souci de la
dignité humaine, dont on se fait un
coupable jeu ; cette ignorance qui fait
que l'homme qui en est aveuglé obéit
sans s'enquérir des motifs de son obéis-
sance : c'est là l'ignorance inerte, passi-
ve, presque heureuse dans sa docilité.
Il y en a une autre plus dangereuse, c'est
la demi-ignorance, passionnée, violente,
qui croit à ce qu'elle dit, qui le répète
avec véhémence, qui colporte toute ca-
lomnie, qui se nourrit des légendes dé-
figurant la tradition républicaine, qui a
horreur de la vérité, parce qu'elle est

impropre à la recueillir, et parce que la passion, le parti-pris, tout s'y oppose. Ce sont ces demi-ignorants qui garnissent les rangs de nos adversaires.

Cette double ignorance, il faut en avoir raison par un véritable système d'éducation nationale. Jusqu'à présent, ce qui a paru aux réformateurs de tous les temps comme la recette par excellence pour créer des esprits, former les consciences, diriger les intelligences, éclairer les volontés, c'est de fortifier la raison publique. Cette raison, ou elle est inerte, ou à moitié développée, ou nourrie de sophismes, ou pleine de théories adultérées, ou encombrée de contrefaçons de la vérité, ou absolument déréglée, utopique et chimérique.

Qui peut avoir raison de toutes ces plaies de l'esprit ? C'est l'éducation nationale.

Ce n'est pas à vous, qui avez pris, sous l'empire, l'initiative d'un grand mouvement de propagande en faveur de l'enseignement populaire, que j'ai besoin de rappeler ces vérités. Rien à tenter, rien à espérer, rien à fonder, rien à tirer de la démocratie et du suffrage universel sans une éducation distribuée à pleines mains, répandue à flots.

Et, sur ce terrain, qu'on ne nous parle pas d'économie, il faut trouver l'argent ; car c'est plus que l'affranchissement du territoire, c'est l'affranchissement du génie national. (Applaudissements unanimes.)

Cette éducation, il faut la faire absolument civile ; c'est le caractère même de l'Etat. Et qu'on ne crie pas à la persécution ! L'Etat laissera aux cultes la plus grande liberté, et nos adversaires seront les premiers à le reconnaître. L'Etat ne peut avoir aucune compétence ni aucune action sur les dogmes, ni sur les doctrines philosophiques. Il faut qu'il ignore ces choses, ou bien il devient arbitraire, persécuteur, intolérant, et il ne peut pas, il n'a pas le droit de le devenir.

Il faut que l'enseignement national soit conforme au principe même des sociétés, de toutes les sociétés, quel que soit leur mécanisme, non-seulement des sociétés démocratiques, mais aussi des sociétés aristocratiques. Qui dit société dit réunion d'hommes voulant défendre leurs droits, remplir leurs devoirs et protéger par l'association leurs intérêts, ce qui est une chose libre, civile, laïque par excellence. L'Etat, dans les matières religieuses, ne pourrait intervenir qu'au bénéfice de la majorité, et par conséquent à l'oppression de quelques-uns. N'en fût-il qu'un seul, celui-là suffirait pour démontrer que cette intervention est despotique et arbitraire.

Cette éducation civile, il faut la donner avec passion, la poursuivre avec ardeur ; jusqu'à ce que la nation en soit pénétrée, rien ne sera fait, rien ne sera ordonné, rien ne sera régulier. Vous n'aurez pas de repos, vous serez toujours en présence de ces deux périls immenses, ou l'exploitation d'un peuple par des intrigants, des aventuriers, des dictateurs, des coupe-jarrets, ou quelque chose de plus grave encore, l'explosion imprévue d'une masse enflammée qui tout à coup obéit à ses aveugles colères.

Ni l'un ni l'autre, n'est-ce pas ! Et c'est l'instruction primaire seule qui peut protéger le pays contre ces deux excès. Comment n'a-t-on pas compris que le premier degré de l'instruction ne doit pas être un point d'arrêt, constituer la stérilité de l'intelligence, mais qu'elle doit éveiller un désir de progrès constants et successifs ? L'instruction primaire doit être complète, je veux dire qu'il faut la rendre capable, en tant que primaire, de donner des notions exactes, sinon achevées, des droits et des devoirs du citoyen. Elle doit lui apprendre quelle est sa dignité, dans quelle société il vit et quelle est sa place, quel est son lien de solidarité avec ceux qui l'entourent ; elle doit lui montrer qu'il a son rang dans la commune, dans le département, dans la patrie ; elle doit lui rappeler surtout qu'il est un être moral auquel il faut tout donner, tout sacrifier, sa vie, son avenir, sa famille, et que cet être... c'est la France. (Applaudissements enthousiastes.)

C'est cela que j'appelle l'éducation primaire nationale.

Mais il ne faut pas s'arrêter là ; il faut aborder l'éducation secondaire, arracher la jeunesse aux études stériles, ne pas trop l'attarder dans un passé antique que l'on connaît à peine, dont, au bout de quelques années, elle est incapable d'épeler la langue, et d'où elle sort les oreilles pleines et l'esprit vide. Il faut que la jeunesse puise dans l'enseignement de l'Etat, vigoureux et humain, les notions des sciences modernes.

Prenons garde de donner libre carrière à l'imagination, à des futilités et des fantaisies dont l'exagération maladive produit de véritables difformités morales. Il n'y a qu'une chose qui fonde les véritables sociétés, qui élève l'homme, c'est la science; il faut l'apprendre, la boire à longs traits. La science est le patrimoine de nos devanciers que nous devons tenir à honneur de transmettre, agrandi et amplifié, aux générations qui nous suivent.

Ce n'est pas tout; il faudra encore monter plus haut, il faudra aborder l'enseignement supérieur. A celui-là, la liberté, le droit d'enseigner toutes les théories. N'ayez pas peur de l'esprit, fiez-vous à la raison pour faire justice des sophismes du passé, des chimères; fiez-vous à la raison pour éviter les écarts d'imaginations qui, par une précipitation déréglée à marcher en avant, nous ramèneraient au contraire aux premiers âges de la nature; fiez-vous à la noble émulation qui naît entre les savants. Que l'arène soit ouverte à tous, qu'il ne soit pas nécessaire de faire partie d'une coterie ou d'une Eglise pour arriver à se faire un nom et à l'inscrire dans les pages de l'histoire des découvertes de l'esprit humain.

Ah! messieurs! c'est surtout quand on veut refaire l'éducation primaire qu'il faut avoir en vue la réforme de l'enseignement supérieur. Car, en dernière analyse, c'est le nombre des savants, c'est le respect que l'on a pour eux, c'est la liberté qu'on leur donne, la dignité dont on les entoure, qui répandent les lumières jusque dans les couches profondes de la société. C'est par la valeur et le nombre des savants que vous formerez des instituteurs et des élèves.

Je n'ai touché là qu'un côté, le plus noble, à coup sûr, de notre régénération morale, mais ce côté se rattache intimement au régime républicain, car vous savez bien que, lorsqu'on passe en revue les partis et les hommes, on distingue bien vite à leur zèle pour l'instruction ceux qui sont pour et ceux qui sont contre le régime républicain.

Il est hors de doute que, selon que
vous aurez en face de vous un gouvernement républicain sérieux, sincère,
sage, ordonné, mais ayant le sentiment
qu'on ne fonde un gouvernement qu'a-
vec le concours de ceux qui sont acquis
à ses principes, vous aurez la possibilité
de réformer le régime tout entier de l'é-
ducation nationale.

Si au contraire vous êtes en présence
d'un régime monarchique et dynasti-
que, s'appuyant sur la division des opi-
nions et des classes, il fermera la porte
à l'éducation supérieure pour assurer sa
domination sur ceux qui sont en bas.
(Bravos répétés.)

Mais, messieurs, dans un pays qui a
le suffrage universel, où la démocratie
non-seulement coule à pleins bords,
comme on l'a dit il y a quarante-cinq
ans, mais constitue la nation elle-même,
il n'est plus temps de faire des expérien-
ces monarchiques. Il n'est pas de
monarchie, despotique ou tempérée,
qui puisse tenir tête à la démocratie,
à la République, qui a le vote universel
à sa disposition, et qui poursuit toute
souveraineté artificielle pour s'installer

légitimement à sa place. Il n'y a plus de conciliation possible entre ce régime qui a nivelé le sol, qui a abattu tous les priviléges, qui a fait disparaître tout ce qui constitue les éléments des aristocraties et des monarchies, plus de conciliation possible avec les prétentions dynastiques.

Si l'on veut rêver un gouvernement en dehors du gouvernement républicain, qui ait quelque chance de durée, il faut d'abord porter la main sur le suffrage universel, soit en le restreignant, soit en en faisant une délégation du pouvoir royal. Pour durer, pour être stable, il n'y a plus que la démocratie libre, associée, organisée, ayant le suffrage dans sa main pour moyen de contrôle, c'est-à-dire la République. Nous sommes ceux qui peuvent seuls assurer la stabilité et le lendemain. Avec nous il n'y a plus d'inconnu. Sous le régime monarchique, le suffrage se pose comme un rival qui doit le faire disparaître ; c'est donc la Révolution, le désordre, l'instabilité érigés en institution.

Aussi, messieurs, les conservateurs qui s'attardent à rêver à une restauration monarchique de quelque catégorie qu'elle soit, ne sont-ils pas des conservateurs au sens élevé de ce mot : ou ils savent ce qu'ils font, et alors ce sont des factieux ; ou ils ne le savent pas, et alors ils sont des dupes dans les mains qui les mènent et des simples dont on abuse. Voilà la vérité.

Il nous appartient donc, à nous qui avons la conviction de l'alliance intime qui est comme la relation de cause à effet entre le suffrage et la République, il nous appartient de nous présenter comme assurant l'ordre et la stabilité.

En définitive, où donc pourrait se trouver un parti qui eût l'autorité et la force suffisante pour renverser un Etat politique où tout le monde est souverain, où tout le monde est la loi, où tout le monde est gouvernement?

L'histoire, même la plus récente, démontre que la République a toujours fait face aux tentatives révolutionnaires les plus grosses, aux tempêtes sociales les plus terribles par cela même qu'elle est le gouvernement de tout le monde.

Considérons donc ce premier point comme établi : le parti républicain non-seulement ne peut pas être taxé de factieux, et ce n'est pas un parti de révolution, mais c'est un parti de conservation, qui garantit le lendemain, et qui assure le développement pacifique, légal, progressif de toutes les conséquences légitimes de la Révolution française.

Aujourd'hui, ce fait est démontré par l'expérience. Car ce n'est pas pour rien que, depuis quinze à dix-huit mois, vous avez donné, soit dans vos Conseils municipaux, soit dans vos Conseils départementaux, soit dans vos réunions, par des actes individuels ou collectifs, cette démonstration que vous êtes le parti de la paix sociale, de l'ordre, de l'union, de la légalité, et que c'est de l'autre côté que l'on rencontre les factieux, l'esprit d'intrigue, l'agitation, les surprises, le désordre et l'impuissance.

Aussi nous pouvons prendre pour ce qu'elles valent les menaces de ceux qui se disent les hommes d'ordre. La France a déjà donné au parti républicain sa récompense en prouvant qu'elle veut être gouvernée républicainement.

Cette manifestation de la pensée de la France n'a pas été unique; elle s'est produite au dedans et au dehors de l'Assemblée. Vous en connaissez les différentes phases, je ne les rappelle pas, si ce n'est pour en tirer un enseignement : il faut nous armer d'autant de patience que de confiance. C'est pour moi le résumé de notre situation politique.

Oui, nous avons confiance dans l'avenir de la République, pour toutes les raisons que nous venons d'exposer. Mais il importe que cette confiance soit réfléchie, raisonnée, il importe que la conduite du parti républicain soit calme, sage, prévoyante, inspirant le respect et l'estime aux indifférents eux-mêmes qui, vous le savez, forment toujours une portion notable de la majorité. Et alors, quand l'esprit d'union, de concorde, qui se dégage tous les jours un peu plus des élus de la démocratie, aura fait impression sur l'opinion publique, lorsque leur aptitude, leur compétence aux affaires aura été démontrée, alors soyez certains que vos destinées seront assurées. La France ne se séparera plus de vous, républicains, car la France n'a jamais demandé que deux choses à un gouvernement : *l'Ordre et la Liberté.*

Or, l'ordre, c'est vous qui pouvez seul l'assurer, non pas pour un jour, mais pour toujours; non pas par des mitrailles ou des charges de cavalerie sur les boulevards! (Applaudissements) non pas l'ordre qui est le silence et la peur, (Bravos!) non! mais l'ordre qui repose sur la légalité, une légitimité établie par la volonté générale, sur le sentiment qu'on est en face du droit et de la justice, et non sur la peur d'un tyran. (Applaudissements!)

Et la liberté, messieurs, que de partis l'ont promise, qui, aussitôt arrivés aux affaires, l'ont ravie! Pour ma part, je ne connais qu'un parti qui ait demandé la liberté pour tous, non pas la liberté oligarchique et restreinte, mais la liberté complète, intégrale, sans restriction, la liberté enfin. Il n'est qu'un parti qui l'ait voulue, au prix des plus douloureux sacrifices, qui l'ait réclamée, exigée sous tous les régimes, au prix de sa vie, de ses biens, de sa réputation même, et c'est le parti de la République, car seul il a défini la liberté qu'il a appelée : les droits de l'homme et du citoyen.

Cette liberté politique, et que j'appelle aussi sociale, parce qu'elle s'étend aux plus humbles de la société française, vous ne pouvez en rencontrer le fonctionnement et en recueillir les fruits que sous le régime républicain, car c'est le seul qui peut résister aux droits de réunion, d'association, aux immenses agglomérations de citoyens, libertés bien redoutables aux monarchies, puisque c'est sur ces libertés qu'on porte les mains dès qu'il surgit un régime réactionnaire. (Applaudissements!)

Ce gouvernement républicain, on lui reproche souvent des griefs sur lesquels nous nous expliquons sans cesse. Nos adversaires ne se lassent pas de les reproduire ; nous nous épuisons à en avoir raison, mais nous ne nous lasserons pas d'y répondre : « Oui, cer- » tes, disent-ils, voilà un gouvernement » qui se présente assez bien, sous une » forme acceptable pour l'ordre et la li- » berté, c'est vrai ; mais il cache derriè- » re lui et traîne à sa suite un cortége » épouvantable de noirceurs. Ce qu'il » dit est pure comédie, artifices, men- » songes ! *ce sont des déclamateurs !* »

J'en sais quelque chose, c'est avec ce bagage-là que je voyage !... (Explosion de rires approbatifs.)

Il y a même des gens, je puis dire des hommes d'esprit, ma foi! qui ont cru en faire preuve en m'appelant *commis voyageur*! (Nouveaux applaudissements.) Cela n'est pas fait pour m'humilier. S'ils ont cru toucher en quoi que ce soit ma vanité ou mon amour-propre, en répétant cette plaisanterie, ils se sont cruellement... j'allais dire grossièrement trompés! Je n'en rougis pas; je suis, en effet, un voyageur et le commis de la démocratie. C'est ma commission, je la tiens du peuple. Tant pis pour ceux qui passent leur vie à débiter ces misères.

(Double salve d'applaudissements. — Interruption.)

Partout où je me suis présenté face à face avec la démocratie, à qui j'ai voué tout ce que j'ai d'intelligence et de force, je n'ai tenu qu'un langage ferme, à coup sûr régulier, légitime, et je n'ai jamais cherché qu'une chose : le bien de la France! Eh que voulez-vous ! si je ne le comprends pas autrement et si je crois mon pays perdu en dehors de la

République, il faut bien que je le dise !
c'est ma mission ! je la remplis, advienne que pourra. (Oui ! oui ! Bravos enthousiastes.)

Que traînons-nous donc après nous ? quel est ce cortége que nous réservons pour le jour du triomphe ? Nos adversaires ne pouvant répondre, se rejettent d'un autre côté et nous font un reproche de tenir un langage qui leur paraît peu nouveau ! Ah oui ! la liberté ! les revendications du droit, cela n'est pas nouveau ; les murmures douloureux de ceux qui souffrent, hélas ! quoi de moins nouveau dans le monde ? Ce n'est pas nouveau non plus d'être républicain, d'être l'ami de son pays. Non, ce n'est pas nouveau, mais il faut que ce soit général. Il faut que ce sentiment entre dans les mœurs, dans la vie de la nation, qu'il soit sa loi et sa foi. Alors peut-être cette chose vieille deviendra définitive, et c'est un résultat que pour ma part je considère comme suffisant pour nos efforts. (Applaudissements.)

A ceux qui nous suivront, dans une génération ou deux, il appartiendra d'assurer un développement plus com-

plet de notre œuvre. Quant à moi, je
borne mes vœux, mes réclamations, mes
exigences, à ces deux choses : faire
une nation armée et une nation instruite.

Une nation instruite et armée, pour
qu'elle rende à la famille française des
populations qui lui reviendront le jour
où la France sera restaurée au moral, ré-
organisée matériellement, relevée par les
véritables applications des lois économiques qui donneront à toutes les ressources le pouvoir de s'épanouir. Alors on
assistera à un spectacle qui ne sera
pas une illusion, qui ne sera pas un
rêve : la reprise par la France d'une
place que nulle autre nation ne peut
remplir, place nécessaire, indispensable,
non pas à nous seulement, mais à la civilisation du monde. (Bravos enthousiastes.)

Bornons là nos exigences, à faire, je
le répète, une nation armée et instruite.
Et je vois ici ma pensée bien comprise,
en exprimant ces idées devant des hommes qui comptent parmi eux des frères
de notre patrie mutilée, et des frères
aussi d'une République voisine, qui a été

pour nous ce qu'elle devait être pour la France, une sœur. (Bravos répétés.)

Ce n'est pas tout ; il ne faut pas se méprendre quand je demande, comme base d'un programme républicain, que dans la République, au-dessus des atteintes des partis, l'on fasse chacun soldat et instruit. Il faut que ce développement de la réorganisation militaire et intellectuelle du pays marche de front avec le respect complet du principe civil dans l'Etat, de la liberté philosophique, de la régularité dans les finances, de la liberté économique, de la liberté des cultes ; cela me suffit, et je suis convaincu que cela doit suffire à la tâche de la génération à laquelle nous appartenons.

Donnons à la France un gouvernement capable d'assurer la sécurité de la génération qui travaille actuellement, et de léguer à celle qui monte le couronnement de vos efforts qui lui permettront de poursuivre les conséquences les plus extrêmes du principe de la solidarité humaine. Je m'explique : ce n'est pas que je nie en aucune manière les misères, les souffrances, les douleurs légitimes d'une partie de la démocratie. Ce n'est pas moi qui méconnaîtrait jamais ce qu'il y a de puissant dans ce monde du travail, fruit de la science, de l'esprit d'association et aussi de l'apparition des merveilles de la mécanique et de l'industrie. C'est tout un monde nouveau insuffisamment connu, qu'il faut étudier, et qui depuis trop longtemps souffre et gémit. Oh! il faut se pencher de ce côté, jeter là à pleines mains la liberté et la clarté. Mais tenons-nous en garde contre les utopies de ceux qui, dupes de leur imagination ou attardés dans leur ignorance, croient à une panacée, à une formule qu'il s'agit de trouver pour faire le bonheur du monde. Croyez qu'il n'y a pas de remède social, parce qu'il n'y a pas *une question sociale*. Il y a une série de problèmes à résoudre, de difficultés à vaincre, variant avec les lieux, les climats, les habitudes, l'état sanitaire, problèmes économiques qui changent dans l'intérieur d'un même pays ; eh bien ! ces problèmes doivent être résolus un à un et non par une formule unique. C'est par le travail, par l'étude, par l'association, par l'effort toujours constant d'un gouvernement d'honnêtes gens, que les peuples sont conduits à l'émancipation. Il n'y a pas, je le répète, de panacée sociale, il y a tous les jours un progrès à faire, mais non pas de solution immédiate, définitive et complète.

Cela dit, nous ne demandons pas plus, mais nous ne demandons pas moins. Ceux qui prétendent que nous jetons des paroles dorées, derrière lesquelles se cachent des surprises criminelles, ils mentent ou ils se trompent. Ce que je dis est l'expression complète de ma pensée. Quant à ceux qui soutiennent que nous n'apportons pas d'éléments nouveaux, qu'ils s'en prennent aux gouvernements, surtout aux générations précédentes qui n'ont pas su nous préparer la jouissance de nouveaux bienfaits. Cette conquête doit venir de l'association énergique de nos volontés, de la cohésion de toutes les forces de la France républicaine, d'une discipline volontaire d'autant plus efficace que ce sera une discipline consentie. L'union, le concert, l'entente, voilà ce qui fait le levier des réformes successives et nécessaires.

Au premier rang de ces réformes,

vous savez déjà, messieurs, que je place l'élection d'une Assemblée républicaine. Je me suis déjà expliqué sur ce sujet au début de l'excursion si instructive que je viens d'accomplir. J'ai parlé de la dissolution partout où je suis allé ; partout j'ai trouvé cette idée en germe dans les esprits et prête à éclore.

La dissolution, voilà donc la première réforme qu'il faut poursuivre !

Je n'attends rien de l'Assemblée de Versailles. Elle montre tout ce qu'elle craint en n'osant pas rentrer dans ce Paris, berceau de notre civilisation, bouclier de nos libertés publiques, initiateur et guide de l'esprit national, de ce Paris qu'on peut dénoncer à la haine imbécile de quelques ruraux, mais qu'on ne peut parvenir ni à abattre ni à déshonorer. (Applaudissements répétés.)

Ainsi, messieurs, il le faut ; au milieu du calme que nous avons la volonté manifeste de maintenir et de faire respecter, sachons nous préparer à des élections qui devraient être déjà arrivées, qui arriveront, et qui doivent vous trouver prêts, unis et compactes, pleins de discernement, sachant qui vous choisissez, qui vous nommez, avec des candidats qui seront hommes libres faits pour représenter des hommes libres. Et alors, vous aurez fondé la République républicaine.

N'excluons pas les nouveaux venus, les républicains d'hier. On a dit que nous représentons un parti fermé. Ce n'est pas vrai ! Ce sont les intrigants qui disent cela, parce qu'ils sont excommuniés parmi nous. Ceux qui ont failli par erreur, ils peuvent venir à nous, nous ne penserons jamais à leur passé si leur conscience est pure, nous les recevrons comme des frères si l'avenir tient ce que leur contrition nous promet.

Une majorité républicaine, tel est notre premier besoin. Nous encourrions devant la postérité et devant nos contemporains le reproche de défaillance, (Oui ! oui !) si cette majorité ne sortait pas des urnes. Il faut qu'elle en sorte, tôt ou tard.

Un dernier mot : Quand nous insistons, quand on nous voit ramener cette question de dissolution de la Chambre et lui refuser le pouvoir constituant qu'elle est impuissante à exercer, parce qu'elle est stérile, condamnée à l'avortement, eh bien, quand nous disons tout cela, on nous accuse d'être des esprits révolutionnaires, des agitateurs, des ambitieux qui ne songent qu'au pouvoir. Non, non, je vous prends à témoins, si je croyais que les heures et les minutes ne fussent pas précieuses, si je croyais que l'on pût attendre, dans l'état actuel de l'Europe... Attendre !..... après la guerre étrangère, après la guerre civile et les ruines qu'elles ont faites ; — attendre ! quand l'instant nous presse d'agir, de sauver tout ce qui reste de la patrie, mais est-ce que c'est possible, messieurs ? (Non ! non ! — Sensation profonde.)

Si nous avons hâte, ce n'est pas pour nous, ce n'est pas pour le parti républicain ; si nous avons hâte, c'est que c'est une question d'existence nationale. Les minutes nous font perdre des siècles. Si cela dure trop longtemps, si nous nous attardons dans ce provisoire qui nous énerve, qui lasse l'attente du pays, nous courons les plus grands périls. Ah ! messieurs, n'hésitons pas ! Quant à moi, ma conviction est faite, et je l'exprime ici avec toute l'ardeur de mon amour pour la France, entre la dissolution de l'Assemblée ou la dissolution de la patrie, je vote pour la dissolution de l'Assemblée !

(Extrait de la *République Française* du 20 avril)

ON TROUVE A LA MÊME LIBRAIRIE
ET RUE DU CROISSANT, 21, CHEZ ARMAND LÉON

Le Discours de SAINT-QUENTIN
du 17 Novembre 1871
et d'ANGERS du 7 avril 1872

LA RÉPUBLIQUE FRANCAISE
JOURNAL QUOTIDIEN POLITIIQUE ET LITTÉRAIRE
16, RUE DU CROISSANT.

Prix du n° à Paris et dans les Départements 15 c.

ABONNEMENTS :

PARIS. — 3 mois 13 francs. — 6 mois 26 un an 52.
DÉPARTEMENTS. 3 m. 16 fr, — 6 m. 32 fr, ou an 64.

On s'abonne à Paris, 16, rue du Croissant

Paris. — Imp. VALLÉE, 16, rue du Croissant.

www.ingramcontent.com/pod-product-compliance
Lightning Source LLC
Chambersburg PA
CBHW071427030726
47594CB00006B/2618